Table of Contents

Recipe	Page #

Table of Contents

Recipe	Page #

Table of Contents

Recipe	Page #

Table of Contents

Recipe	Page #

Recipe Title

Prep Time: _____   **Total Time:** _____

Oven Temp: _____   **Servings:** _____

Ingredients:

_____   _____

_____   _____

_____   _____

_____   _____

_____   _____

Directions:

_____

_____

_____

_____

_____

_____

p.

Notes

Prep Time: _____

Total Time: _____

Oven Temp: _____

Servings: _____

Ingredients:

_____   _____

_____   _____

_____   _____

_____   _____

_____   _____

Directions:

_____

_____

_____

_____

_____

_____

Notes

Recipe Title

Prep Time: _____

Total Time: _____

Oven Temp: _____

Servings: _____

Ingredients:

_____ _____

_____ _____

_____ _____

_____ _____

_____ _____

Directions:

_____

_____

_____

_____

_____

_____

p.

Notes

Recipe Title

Prep Time: _____   Total Time: _____

Oven Temp: _____   Servings: _____

Ingredients:

_____   _____

_____   _____

_____   _____

_____   _____

_____   _____

Directions:

_____

_____

_____

_____

_____

_____

p.

Notes

Recipe Title

Prep Time: _____   Total Time: _____

Oven Temp: _____   Servings: _____

Ingredients:

_____   _____

_____   _____

_____   _____

_____   _____

_____   _____

Directions:

_____

_____

_____

_____

_____

_____

p.

Notes

Recipe Title

Prep Time: _____

Total Time: _____

Oven Temp: _____

Servings: _____

Ingredients:

_____ _____

_____ _____

_____ _____

_____ _____

_____ _____

Directions:

_____

_____

_____

_____

_____

_____

p.

Notes

_____

Recipe Title

Prep Time: _____   Total Time: _____

Oven Temp: _____   Servings: _____

Ingredients:

_____   _____

_____   _____

_____   _____

_____   _____

_____   _____

Directions:

_____

_____

_____

_____

_____

_____

p.

Notes

Recipe Title

Prep Time: _____

Total Time: _____

Oven Temp: _____

Servings: _____

Ingredients:

_____ _____

_____ _____

_____ _____

_____ _____

_____ _____

Directions:

_____

_____

_____

_____

_____

_____

Notes

Recipe Title

Prep Time: _____   Total Time: _____

Oven Temp: _____   Servings: _____

Ingredients:

_____   _____

_____   _____

_____   _____

_____   _____

_____   _____

Directions:

_____

_____

_____

_____

_____

_____

p.

Recipe Title

me: _____ Total Time: _____

emp: _____ Servings: _____

Ingredients:

_____ _____

_____ _____

_____ _____

_____ _____

Directions:

_____

_____

_____

_____

p.

Notes

_____

_____

_____

_____

_____

_____

_____

p.

Recipe Title

Prep Time: _____   Total Time: _____

Oven Temp: _____   Servings: _____

Ingredients:

_____   _____

_____   _____

_____   _____

_____   _____

_____   _____

Directions:

_____

_____

_____

_____

_____

Note

_____

_____

_____

_____

_____

_____

Prep Tim

Oven Te

Notes

Recipe Title

Prep Time: _____

Total Time: _____

Oven Temp: _____

Servings: _____

Ingredients:

_____   _____

_____   _____

_____   _____

_____   _____

_____   _____

Directions:

_____

_____

_____

_____

_____

_____

p.

Notes

Recipe Title

Prep Time: _____

Total Time: _____

Oven Temp: _____

Servings: _____

Ingredients:

_____   _____

_____   _____

_____   _____

_____   _____

_____   _____

Directions:

_____

_____

_____

_____

_____

_____

p.

Notes

Recipe Title

Prep Time: _____   Total Time: _____

Oven Temp: _____   Servings: _____

Ingredients:

_____   _____

_____   _____

_____   _____

_____   _____

_____   _____

Directions:

_____

_____

_____

_____

_____

_____

p.

Notes

Prep Time: _____   Total Time: _____

Oven Temp: _____   Servings: _____

Ingredients:

_____   _____

_____   _____

_____   _____

_____   _____

_____   _____

Directions:

_____

_____

_____

_____

_____

_____

Notes

Recipe Title

Prep Time: _____

Total Time: _____

Oven Temp: _____

Servings: _____

Ingredients:

_____ _____

_____ _____

_____ _____

_____ _____

_____ _____

Directions:

_____

_____

_____

_____

_____

_____

p.

Notes

Recipe Title

Prep Time: _____   **Total Time:** _____

Oven Temp: _____   **Servings:** _____

Ingredients:

_____   _____

_____   _____

_____   _____

_____   _____

_____   _____

Directions:

_____

_____

_____

_____

_____

_____

Notes

Recipe Title

Prep Time: _____

Total Time: _____

Oven Temp: _____

Servings: _____

Ingredients:

_____ _____

_____ _____

_____ _____

_____ _____

_____ _____

Directions:

_____

_____

_____

_____

_____

_____

Notes

Recipe Title

Prep Time: _____   **Total Time:** _____

Oven Temp: _____   **Servings:** _____

Ingredients:

_____   _____

_____   _____

_____   _____

_____   _____

_____   _____

Directions:

_____

_____

_____

_____

_____

_____

p.

Notes

Recipe Title

Prep Time: _____   **Total Time:** _____

Oven Temp: _____   **Servings:** _____

Ingredients:

_____   _____

_____   _____

_____   _____

_____   _____

_____   _____

Directions:

_____

_____

_____

_____

_____

_____

Notes

Recipe Title

Prep Time: _____ **Total Time:** _____

Oven Temp: _____ **Servings:** _____

Ingredients:

_____ _____

_____ _____

_____ _____

_____ _____

_____ _____

Directions:

_____

_____

_____

_____

_____

_____

p.

Notes

Recipe Title

Prep Time: _____ Total Time: _____

Oven Temp: _____ Servings: _____

Ingredients:

_____ _____

_____ _____

_____ _____

_____ _____

_____ _____

Directions:

_____

_____

_____

_____

_____

_____

p.

Notes

Recipe Title

Prep Time: _____   Total Time: _____

Oven Temp: _____   Servings: _____

Ingredients:

_____   _____

_____   _____

_____   _____

_____   _____

_____   _____

Directions:

_____

_____

_____

_____

_____

_____

Notes

Recipe Title

Prep Time: _____

Total Time: _____

Oven Temp: _____

Servings: _____

Ingredients:

_____   _____

_____   _____

_____   _____

_____   _____

_____   _____

Directions:

_____

_____

_____

_____

_____

_____

p.

Notes

Recipe Title

Prep Time: _____

Total Time: _____

Oven Temp: _____

Servings: _____

Ingredients:

_____ _____

_____ _____

_____ _____

_____ _____

_____ _____

Directions:

_____

_____

_____

_____

_____

_____

p.

Notes

Recipe Title

Prep Time: _____ **Total Time:** _____

Oven Temp: _____ **Servings:** _____

Ingredients:

_____ _____

_____ _____

_____ _____

_____ _____

_____ _____

Directions:

_____

_____

_____

_____

_____

_____

Notes

Recipe Title

Prep Time: _____   **Total Time:** _____

Oven Temp: _____   **Servings:** _____

Ingredients:

_____   _____

_____   _____

_____   _____

_____   _____

_____   _____

Directions:

_____

_____

_____

_____

_____

_____

_____

Notes

_____

Recipe Title

Prep Time: _____ Total Time: _____

Oven Temp: _____ Servings: _____

Ingredients:

_____ _____

_____ _____

_____ _____

_____ _____

_____ _____

Directions:

_____

_____

_____

_____

_____

_____

Notes

Recipe Title

Prep Time: _____   Total Time: _____

Oven Temp: _____   Servings: _____

Ingredients:

_____   _____

_____   _____

_____   _____

_____   _____

_____   _____

Directions:

_____

_____

_____

_____

_____

_____

Notes

Prep Time: _____

Total Time: _____

Oven Temp: _____

Servings: _____

Ingredients:

_____   _____

_____   _____

_____   _____

_____   _____

_____   _____

Directions:

_____

_____

_____

_____

_____

_____

Notes

Prep Time: _____   **Total Time:** _____

Oven Temp: _____   **Servings:** _____

Ingredients:

_____   _____

_____   _____

_____   _____

_____   _____

_____   _____

Directions:

_____

_____

_____

_____

_____

_____

Notes

Recipe Title

Prep Time: _____ **Total Time:** _____

Oven Temp: _____ **Servings:** _____

Ingredients:

_____ _____

_____ _____

_____ _____

_____ _____

_____ _____

Directions:

_____

_____

_____

_____

_____

_____

Notes

Recipe Title

Prep Time: _____   **Total Time:** _____

Oven Temp: _____   **Servings:** _____

Ingredients:

_____   _____

_____   _____

_____   _____

_____   _____

_____   _____

Directions:

_____

_____

_____

_____

_____

_____

_____

p.

Notes

Recipe Title

Prep Time: _____   **Total Time:** _____

Oven Temp: _____   **Servings:** _____

Ingredients:

_____   _____

_____   _____

_____   _____

_____   _____

_____   _____

Directions:

_____

_____

_____

_____

_____

_____

Notes

Recipe Title

Prep Time: _____   **Total Time:** _____

Oven Temp: _____   **Servings:** _____

Ingredients:

_____   _____

_____   _____

_____   _____

_____   _____

_____   _____

Directions:

_____

_____

_____

_____

_____

_____

p.

Notes

Recipe Title

Prep Time: _____   **Total Time:** _____

Oven Temp: _____   **Servings:** _____

Ingredients:

_____   _____

_____   _____

_____   _____

_____   _____

_____   _____

Directions:

_____

_____

_____

_____

_____

_____

Notes

Recipe Title

Prep Time: _____   **Total Time:** _____

Oven Temp: _____   **Servings:** _____

Ingredients:

_____   _____

_____   _____

_____   _____

_____   _____

_____   _____

Directions:

_____

_____

_____

_____

_____

_____

Notes

Recipe Title

Prep Time: _____   **Total Time:** _____

Oven Temp: _____   **Servings:** _____

Ingredients:

_____   _____

_____   _____

_____   _____

_____   _____

_____   _____

Directions:

_____

_____

_____

_____

_____

_____

Notes

Recipe Title

Prep Time: _____   **Total Time:** _____

Oven Temp: _____   **Servings:** _____

Ingredients:

_____   _____

_____   _____

_____   _____

_____   _____

_____   _____

Directions:

_____

_____

_____

_____

_____

_____

_____

Notes

Recipe Title

Prep Time: _____   **Total Time:** _____

Oven Temp: _____   **Servings:** _____

Ingredients:

_____   _____

_____   _____

_____   _____

_____   _____

_____   _____

Directions:

_____

_____

_____

_____

_____

_____

Notes

Recipe Title

Prep Time: _____   Total Time: _____

Oven Temp: _____   Servings: _____

Ingredients:

_____   _____

_____   _____

_____   _____

_____   _____

_____   _____

Directions:

_____

_____

_____

_____

_____

_____

p.

Notes

Recipe Title

Prep Time: _____   **Total Time:** _____

Oven Temp: _____   **Servings:** _____

Ingredients:

_____   _____

_____   _____

_____   _____

_____   _____

_____   _____

Directions:

_____

_____

_____

_____

_____

_____

Notes

Recipe Title

Prep Time: _____   Total Time: _____

Oven Temp: _____   Servings: _____

Ingredients:

_____   _____

_____   _____

_____   _____

_____   _____

_____   _____

Directions:

_____

_____

_____

_____

_____

_____

p.

Notes

Recipe Title

Prep Time: _____

Total Time: _____

Oven Temp: _____

Servings: _____

Ingredients:

_____   _____

_____   _____

_____   _____

_____   _____

_____   _____

Directions:

_____

_____

_____

_____

_____

_____

p.

Notes

Recipe Title

Prep Time: _____   **Total Time:** _____

Oven Temp: _____   **Servings:** _____

Ingredients:

_____   _____

_____   _____

_____   _____

_____   _____

_____   _____

Directions:

_____

_____

_____

_____

_____

_____

p.

Notes

Recipe Title

Prep Time: _____   **Total Time:** _____

Oven Temp: _____   **Servings:** _____

Ingredients:

_____   _____

_____   _____

_____   _____

_____   _____

_____   _____

Directions:

_____

_____

_____

_____

_____

_____

Notes

Recipe Title

Prep Time: _____

Total Time: _____

Oven Temp: _____

Servings: _____

Ingredients:

_____   _____

_____   _____

_____   _____

_____   _____

_____   _____

Directions:

_____

_____

_____

_____

_____

_____

p.

Notes

Recipe Title

Prep Time: _____ **Total Time:** _____

Oven Temp: _____ **Servings:** _____

Ingredients:

_____ _____

_____ _____

_____ _____

_____ _____

_____ _____

Directions:

_____

_____

_____

_____

_____

_____

Notes

Recipe Title

Prep Time: _____   **Total Time:** _____

Oven Temp: _____   **Servings:** _____

Ingredients:

_____   _____

_____   _____

_____   _____

_____   _____

_____   _____

Directions:

_____

_____

_____

_____

_____

_____

Notes

_____

_____

_____

_____

_____

_____

_____

_____

Recipe Title

Prep Time: _____   **Total Time:** _____

Oven Temp: _____   **Servings:** _____

Ingredients:

_____   _____

_____   _____

_____   _____

_____   _____

_____   _____

Directions:

_____

_____

_____

_____

_____

_____

Notes

Recipe Title

Prep Time: _____   **Total Time:** _____

Oven Temp: _____   **Servings:** _____

Ingredients:

_____   _____

_____   _____

_____   _____

_____   _____

_____   _____

Directions:

_____

_____

_____

_____

_____

_____

p.

Notes

Made in the USA
Monee, IL
29 June 2022

98817146R00065